ILLUSTRATIONS BY MYRIAM DERU
STORY BY PAULE ALEN

The Busy Day

El día atareado

DERRYDALE BOOKS
New York

Here is an amusing bilingual story about two little mongooses. This picture book is part of a new series specially designed so that young children can play with words of another language, thereby becoming familiar with them. The short, easy-to-read sentences printed in separate columns, one in English, the other in Spanish, are placed under a large illustration. On the left-hand page is a series of small images reproducing subjects found in the illustration with the corresponding words in both languages.

Attractively presented, this book appeals to the young child learning to read.

The Publisher

6

He aquí, relatado de manera bilingue, la entretenida historia de dos pequeñas mangostas. Este libro ilustrado es parte de una nueva serie especialmente diseñada para enseñar a los niños el vocabulario básico de un idioma extranjero. Las frases, cortas y fáciles de leer van impresas en dos columnas separadas, una en inglés y la otra en español, ubicada bajo ilustraciones de tamaño grande. En la página de la izquierda hay una serie de pequeñas ilustraciones reproducidas de la ilustración mayor a la derecha junto al texto que las describe en ambos idiomas.

Presentado de manera atractiva, este libro agradará a los niños que están aprendiendo a leer.

El Editor

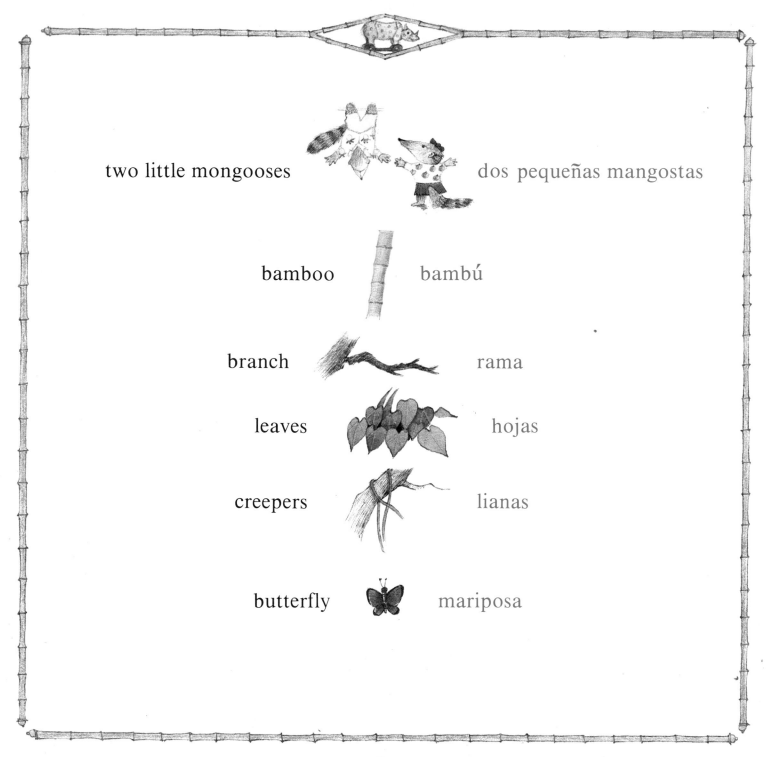

two little mongooses · dos pequeñas mangostas

bamboo · bambú

branch · rama

leaves · hojas

creepers · lianas

butterfly · mariposa

Two little mongooses live
in the tropical forest.
One is called Maggie, and the
other, Mike.
One day Mike declares:
"Let's build a tree house in this
tree, Maggie."

En la foresta tropical viven
dos pequeñas mangostas.
Una se llama Margarita,
la otra, Miguel.
Un día, Miguel declara :
"Construyamos una casa en este
árbol, Margarita."

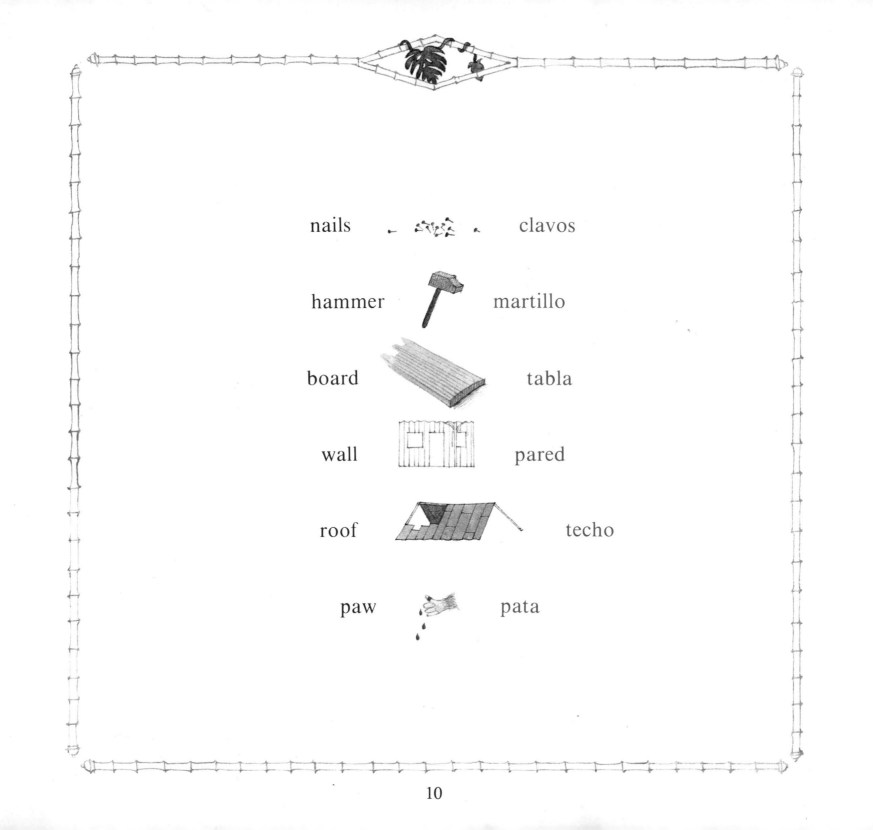

nails   clavos

hammer   martillo

board   tabla

wall   pared

roof   techo

paw   pata

Mike brings the boards.
Soon the floor and the walls
are in place.
The roof is almost finished.
"Give me the hammer, Mike."
And Maggie hits her paw instead
of the nail.

Miguel trae las tablas. En
poco rato arman pisos y
paredes.
El techo ya está casi terminado.
"Dame el martillo, Miguel."
Y Margarita se martilla la pata
en lugar del clavo.

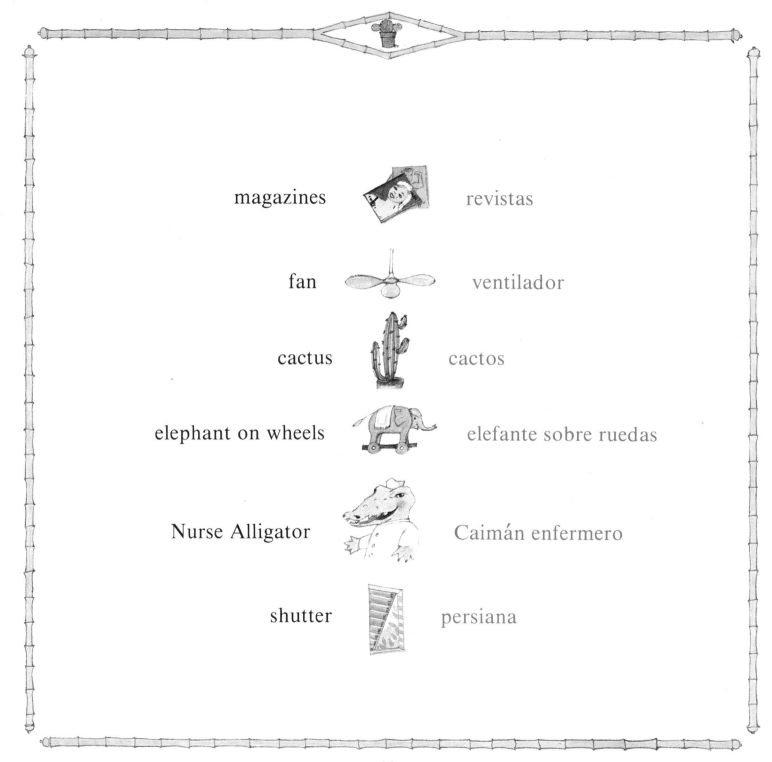

magazines   revistas

fan   ventilador

cactus   cactos

elephant on wheels   elefante sobre ruedas

Nurse Alligator   Caimán enfermero

shutter   persiana

"Is lunch ready, Maggie?"
"No, my paw hurts too much."
"Let's go see Doctor Alligator."
Maggie and Mike wait their
turn.
"Let's go home, Mike, it
doesn't hurt anymore."

"¿Está listo el almuerzo,
Margarita ?"
"No, la pata me duele mucho."
"Vamos a ver al Doctor Caimán."
Miguel y Margarita aguardan su turno.
"Volvamos a casa, Miguel, se me
quitó el dolor."

bandage   venda

medicine   medicina

electric fan   ventilador eléctrico

poster   afiche

vitamins   vitaminas

stethoscope   estetoscopio

Doctor Alligator examines
Maggie.
"You don't look well. You need
vitamins."
It's not serious.
With the bandage on her paw,
Maggie feels better right away.

El Doctor Caimán examina a
Margarita.
"Ud. no se ve bien. Necesita
vitaminas."
No es algo grave.
Con un vendaje en la pata
ya Margarita se siente mejor.

list	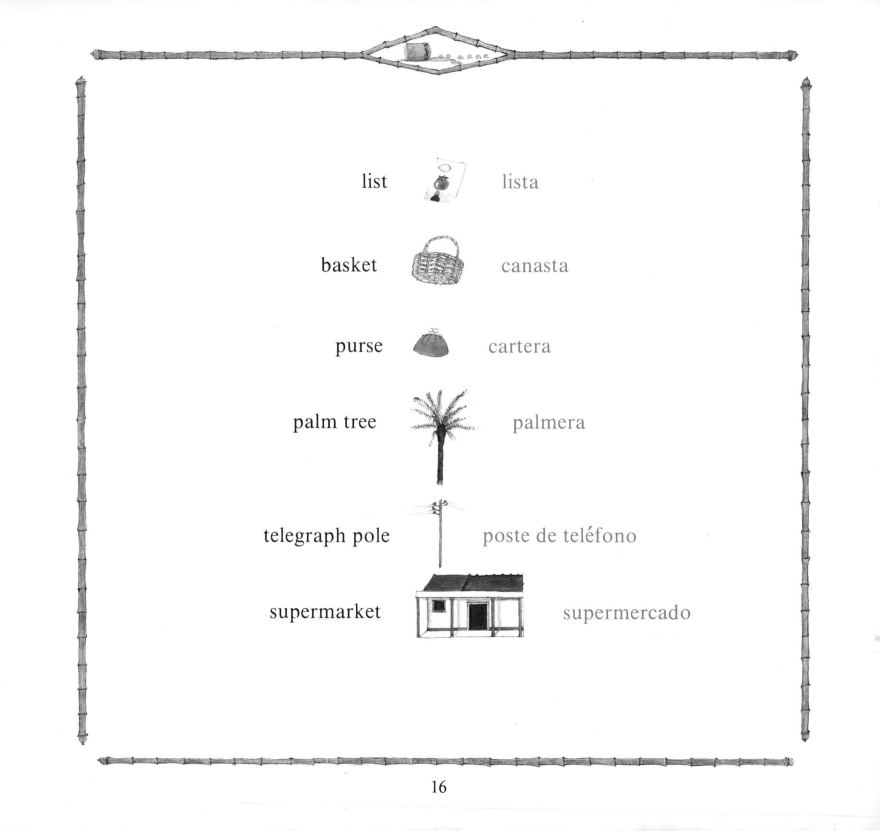	lista
basket		canasta
purse		cartera
palm tree		palmera
telegraph pole		poste de teléfono
supermarket		supermercado

Maggie and Mike return home.
"You rest, Maggie. Today I'll
cook. I am going out to shop."
Mike goes to the
supermarket with a big
basket.

Margarita y Miguel vuelven a casa.
"Descansa, Margarita. Hoy
cocinaré yo. Voy a salir a comprar".
Miguel sale a comprar al
supermercado con una gran
canasta.

cart  carretilla

shelves estantes

cash register caja registradora

globe mapamundi

watering can regadera

straw hat sombrero de paja

Mike finds a globe,
a cap, a watering can,
a scarf, polka-dot socks,
a kite, a straw hat for Maggie
and five cans of peas for the
price of three. Mike pays
at the cash register.

Miguel encuentra un mapamundi, una
gorra, una regadera, una bufanda,
calcetines con pintas, una cometa,
un sombrero de paja para Margarita
y cinco latas de arvejas por el
precio de tres. Miguel paga en
la caja registradora.

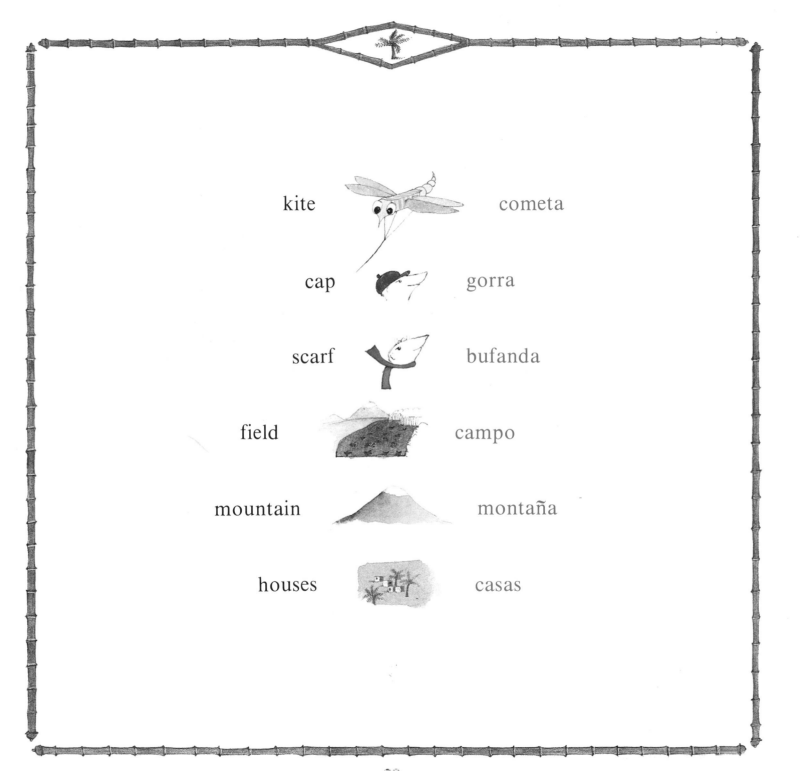

kite   cometa

cap   gorra

scarf   bufanda

field   campo

mountain   montaña

houses   casas

"Maggie, look what I've bought ! A scarf and a straw hat for you, a cap and a kite for me and..." Maggie bursts out laughing. Together they go to a field to fly the kite.

"Margarita, mira lo que he comprado: una bufanda y un sombrero de paja para tí, una gorra y una cometa para mí y..." Margarita se echa a reír. Juntos van a un campo para volar la cometa.

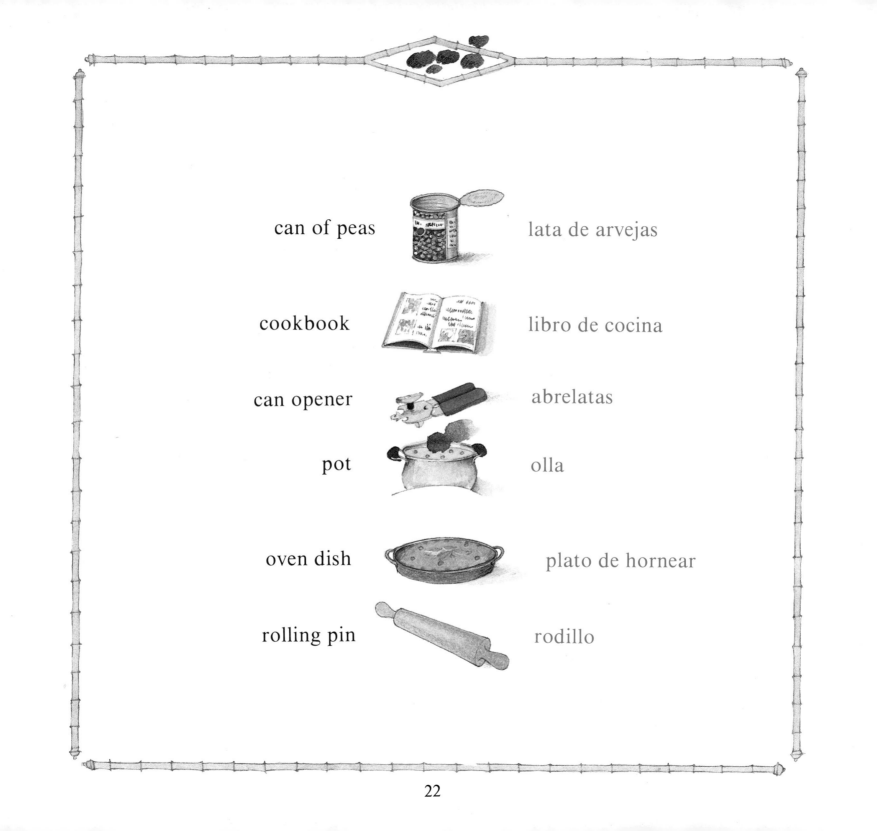

can of peas   lata de arvejas

cookbook   libro de cocina

can opener   abrelatas

pot   olla

oven dish   plato de hornear

rolling pin   rodillo

Maggie is very hungry.
Mike goes into the kitchen.
He has only five cans
of peas.
He opens the cookbook
and he makes mashed peas
and pea soup.

Margarita tiene mucha hambre.
Miguel va a la cocina.
Tiene solo cinco latas
de arvejas.
Abre el libro de cocina y
hace un puré y una sopa de
arvejas.

onions  cebollas

lawn chair silla reclinadora

glass vidrio

jar jarro

smoke humo

railing baranda

24

Mike has let the soup burn.
He tastes the mashed peas.
Neither is good to eat.
"Maggie, I'm sorry, but my
lunch is no good. Don't
worry, I have an idea."

Miguel se le ha quemado la sopa.
Preuba el puré.
Ninguna están comibles.
"Margarita, lo siento pero mi
almuerzo no sirve. No te
preocupes, tengo una idea."

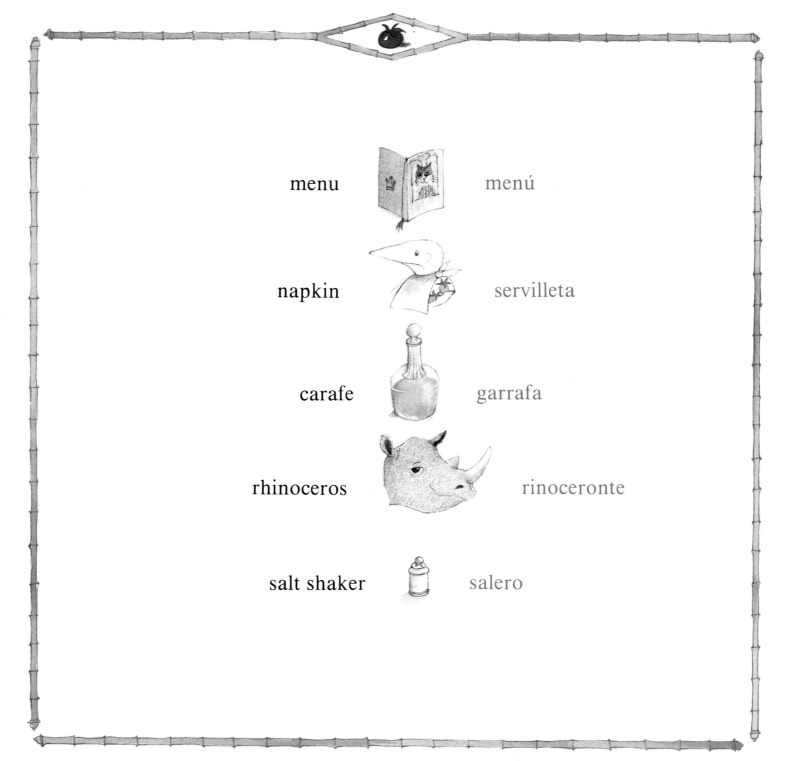

menu   menú

napkin   servilleta

carafe   garrafa

rhinoceros   rinoceronte

salt shaker   salero

"Let's eat lunch in a restaurant.
We will celebrate our new
house."
Maggie is very pleased.
They choose a table by the
window and order everything
they like.

"Almorcemos en un restaurante.
Vamos a celebrar nuestra
nueva casa."
Margarita se siente muy contenta.
Escogen una mesa cerca de la
ventana y piden todo lo que
les gusta.

the menu

el menú

hamburgers — hamburguesas

french fries — papas fritas

salad — ensalada

tart — torta

pineapple — piña

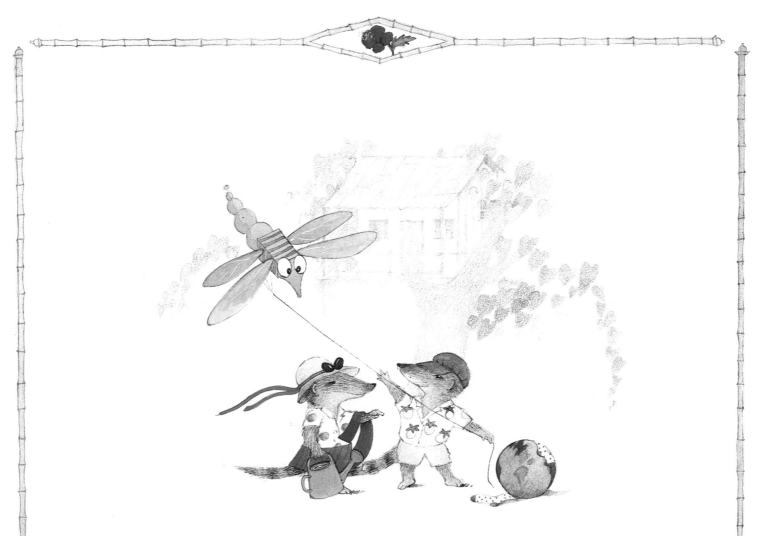

Mike pays the check.
"Maggie, we don't have a penny left."
"Don't worry, Mike,
we still have a new house,
a cap, a globe, a watering can,
a kite, a scarf, a straw hat
and polka-dot socks."
"And no more peas..."

Miguel paga la cuenta.
"Margarita, no nos queda un centavo."
"Y no te preocupes, Miguel, aún
tenemos nuestra nueva casa, una gorra,
un mapamundi, una regadera, una
cometa, una bufanda, un sombrero
de paja y calcetines con pintas."
"No tenemos más arvejas..."

Date Due

X